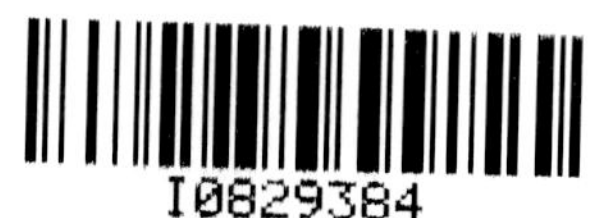

Bonjour
je m'appelle

____

____

Et
voici mes coloriages

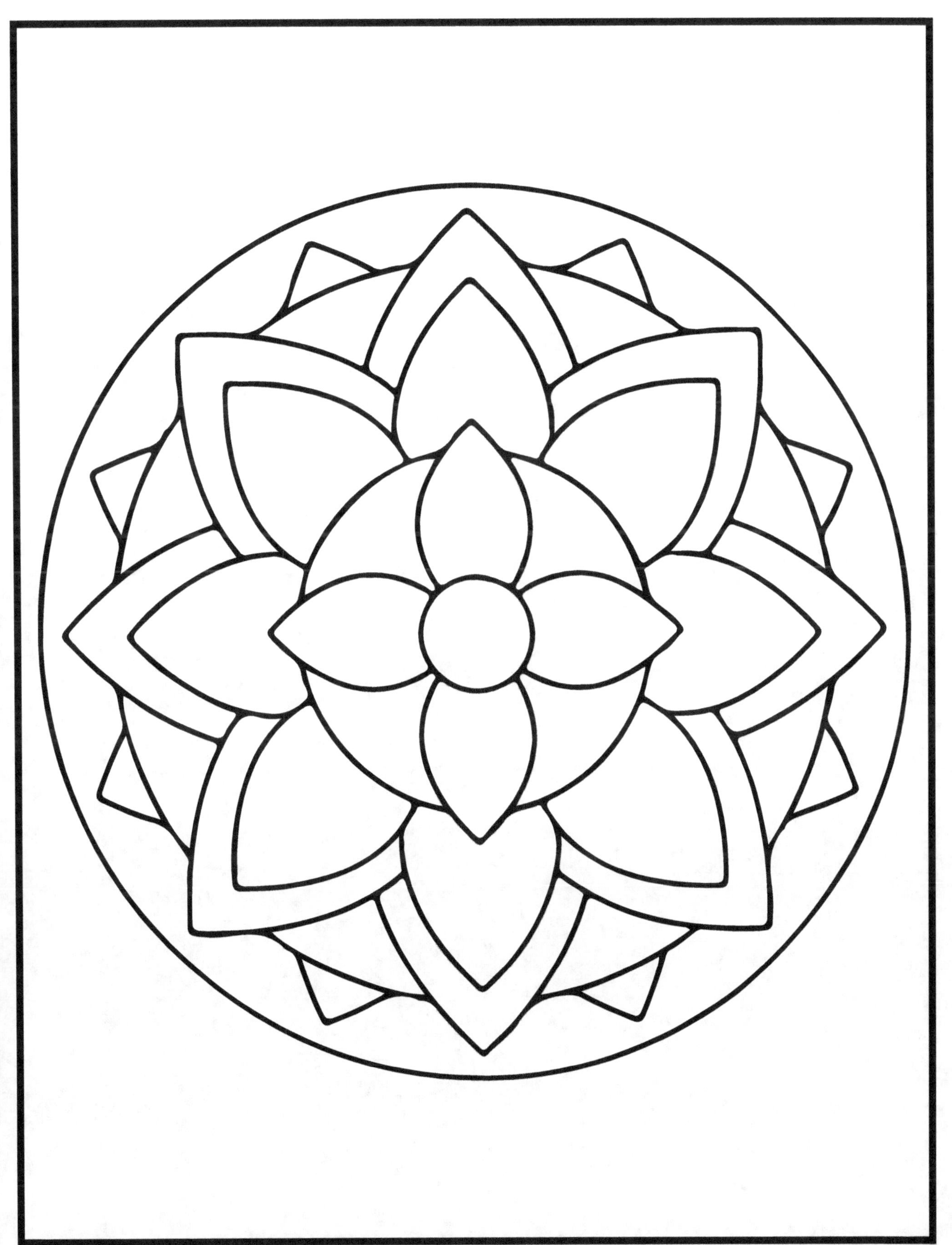

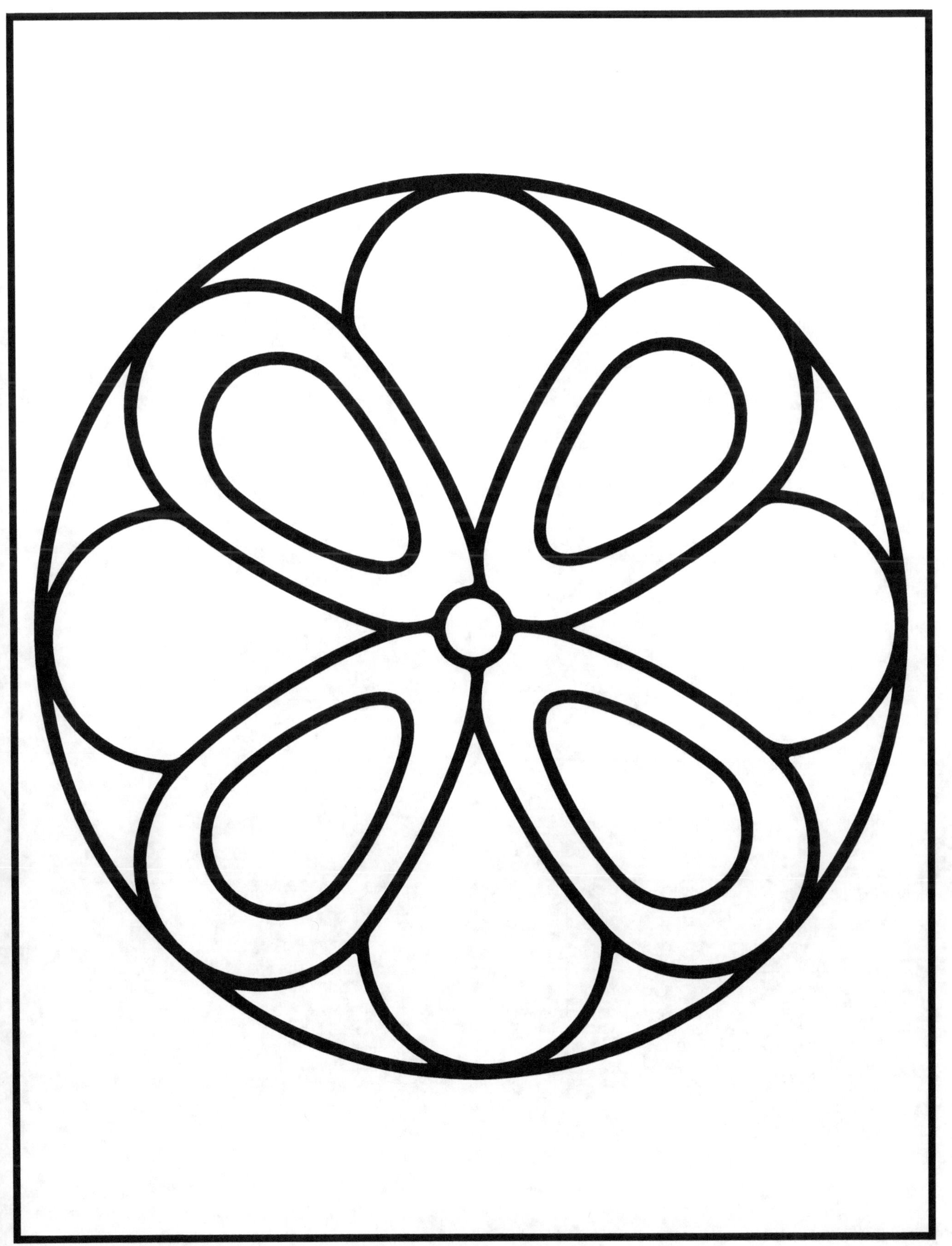

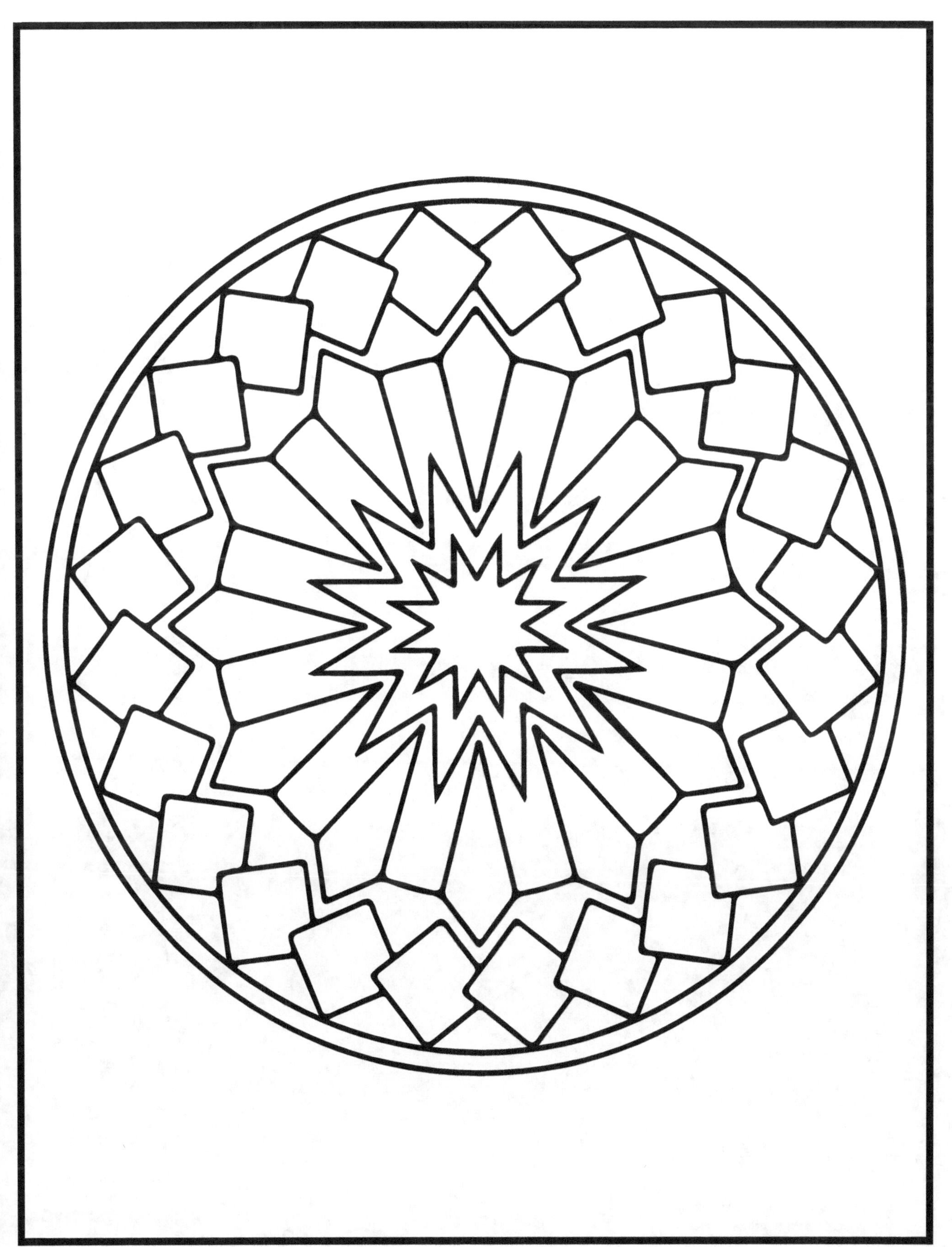

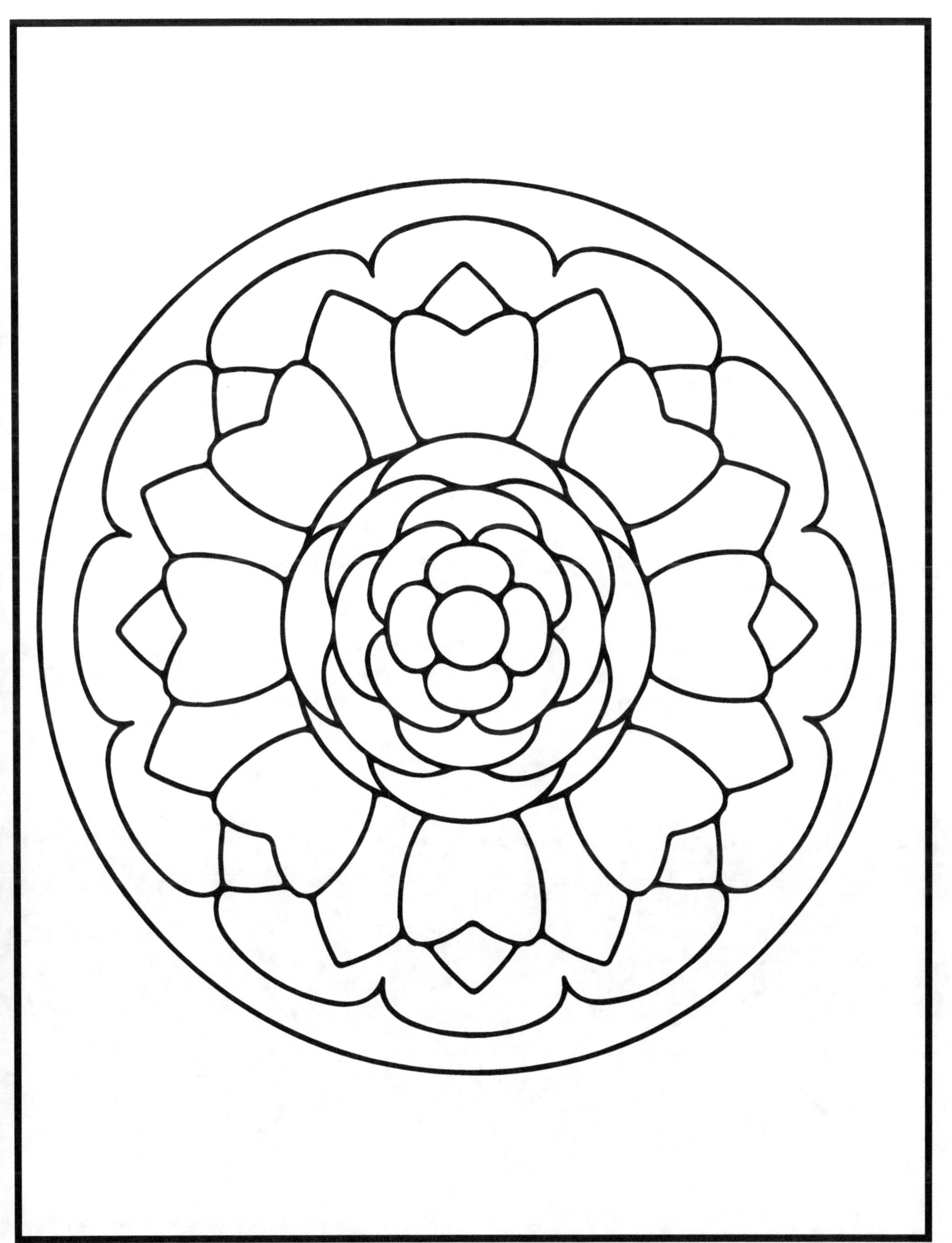

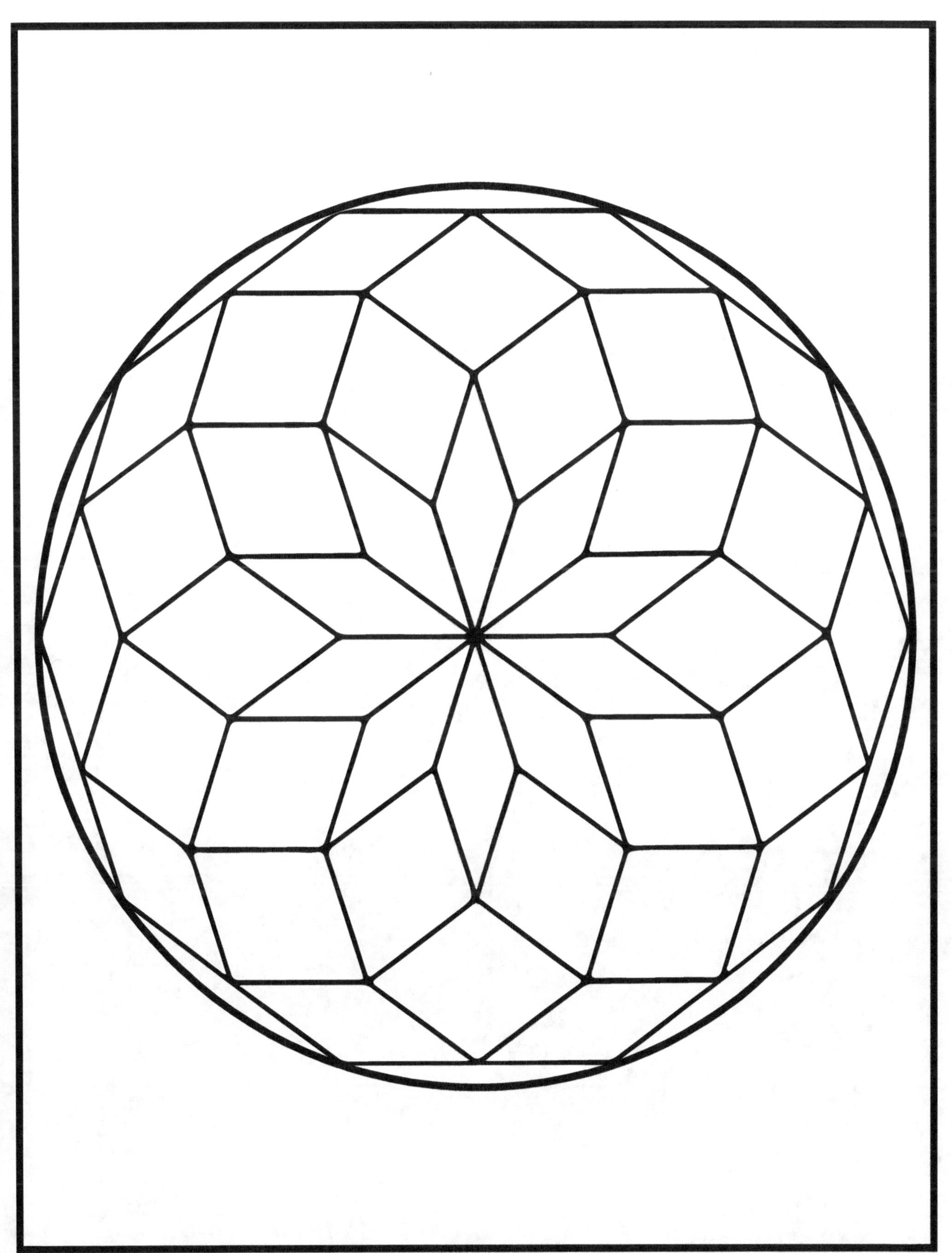

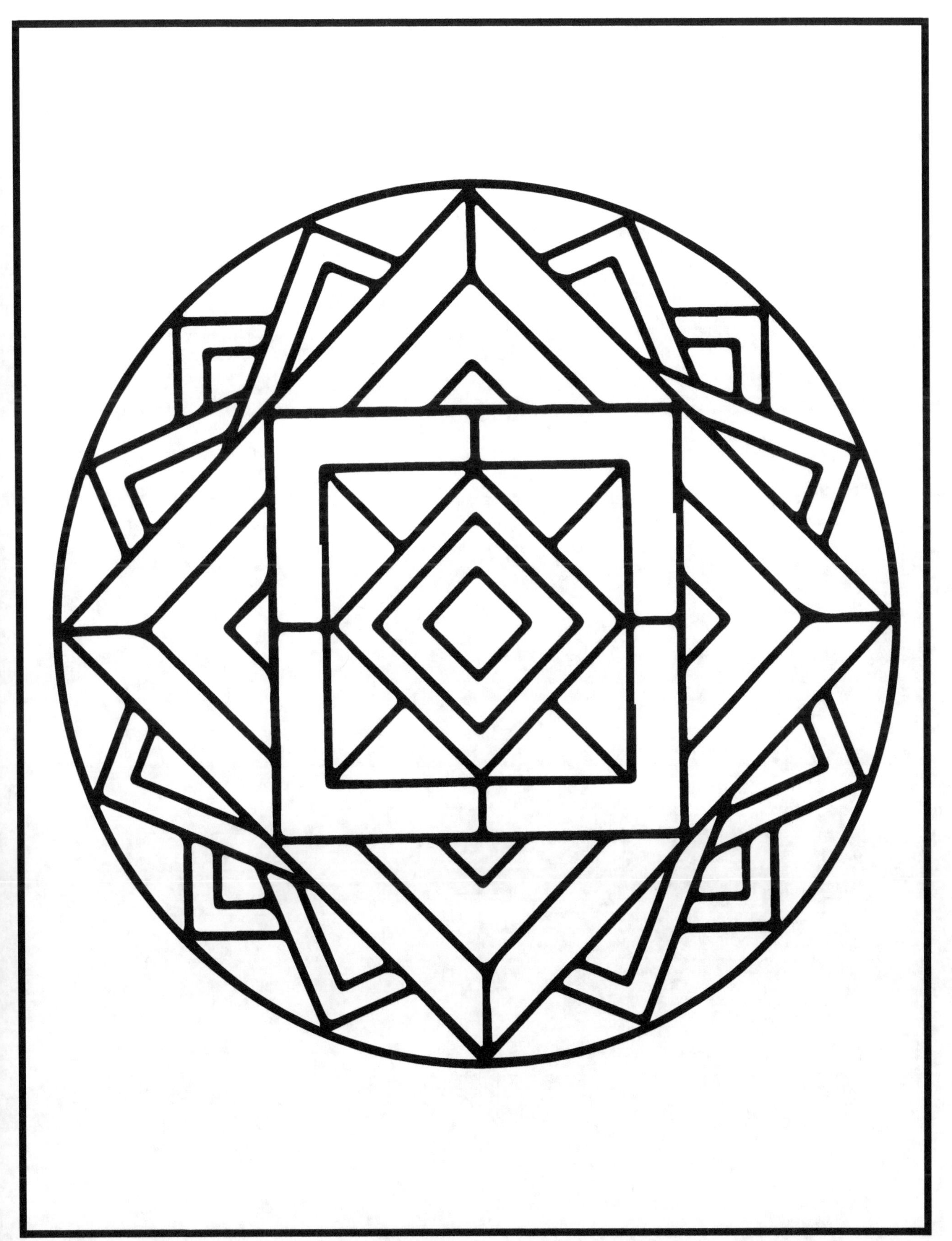

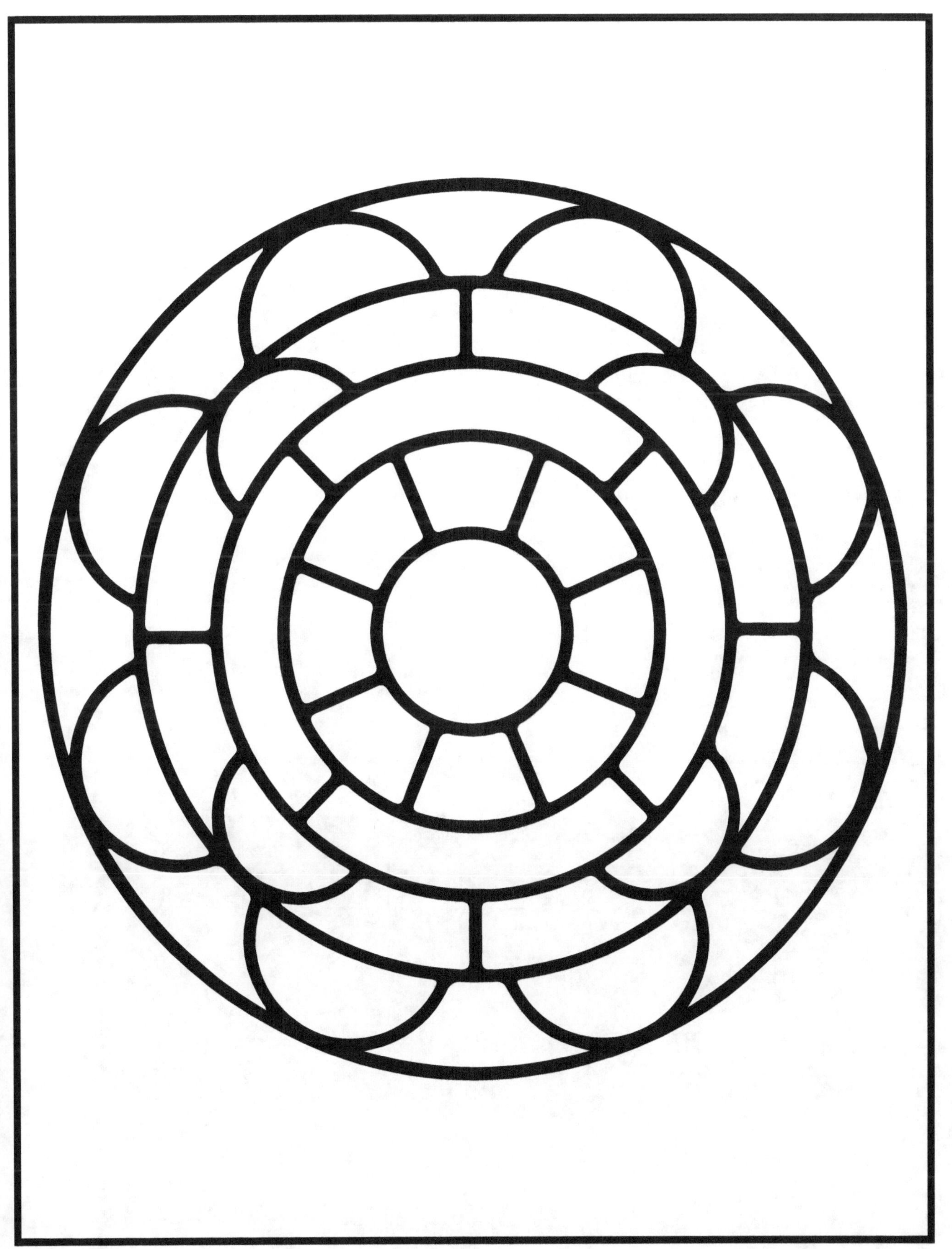

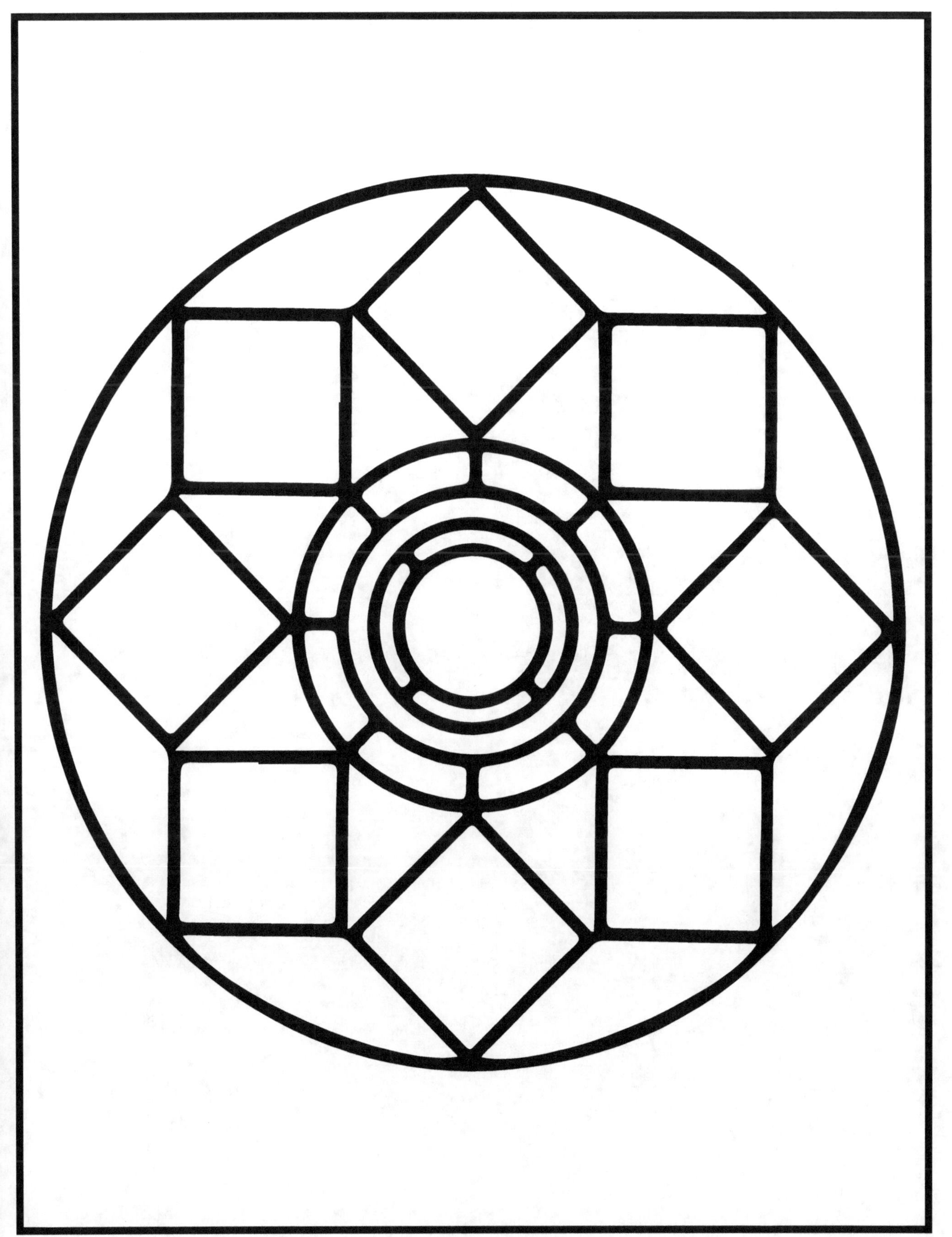

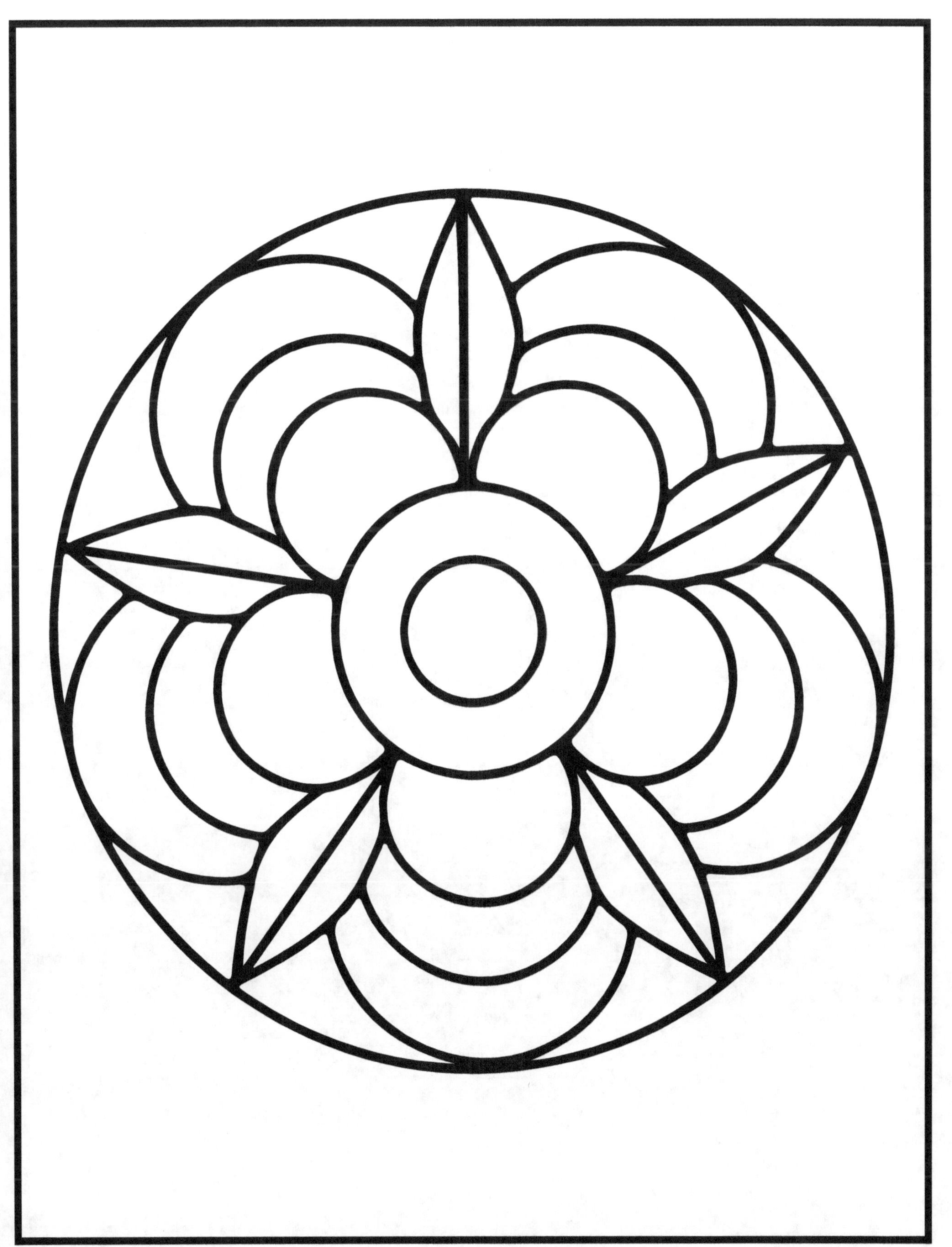

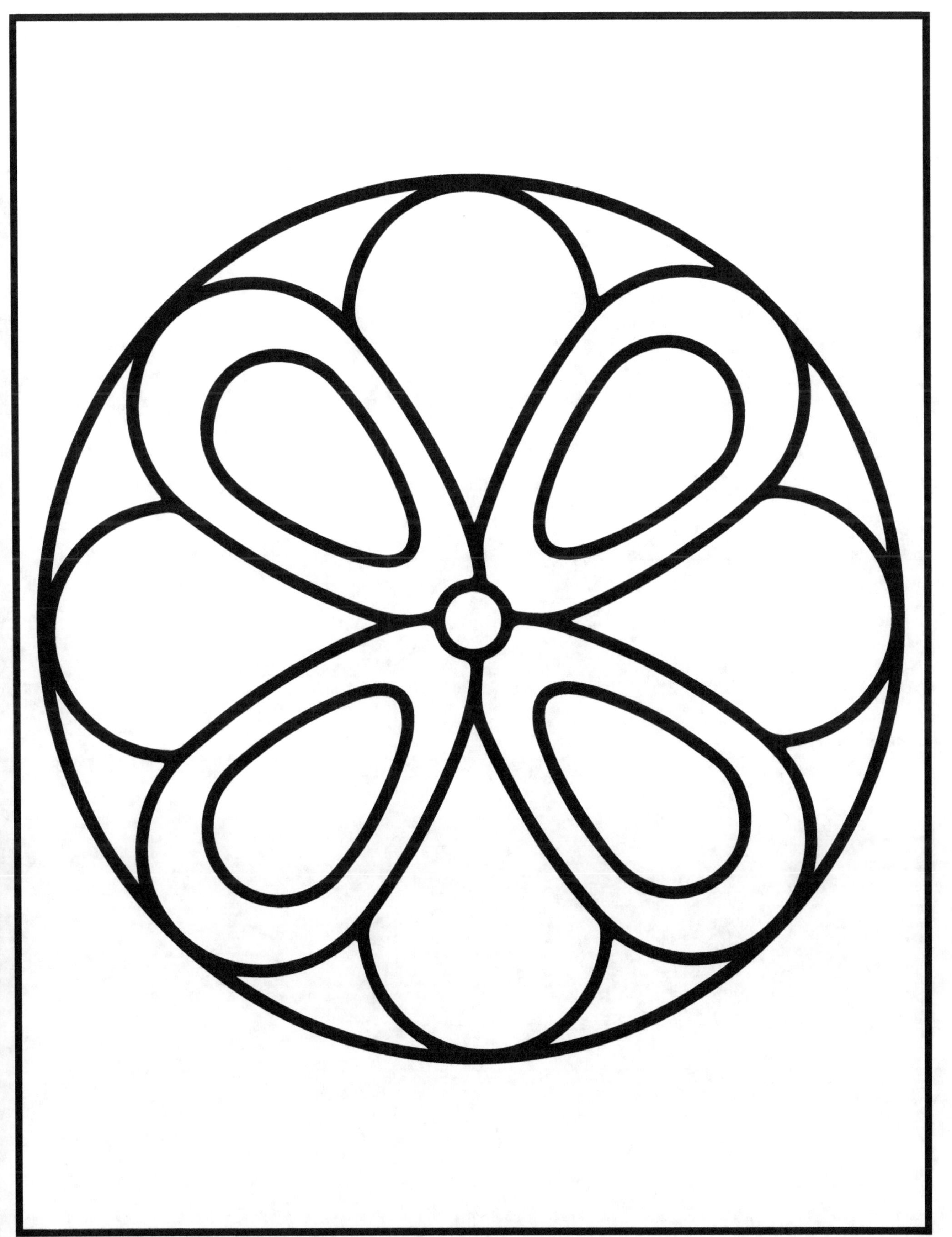

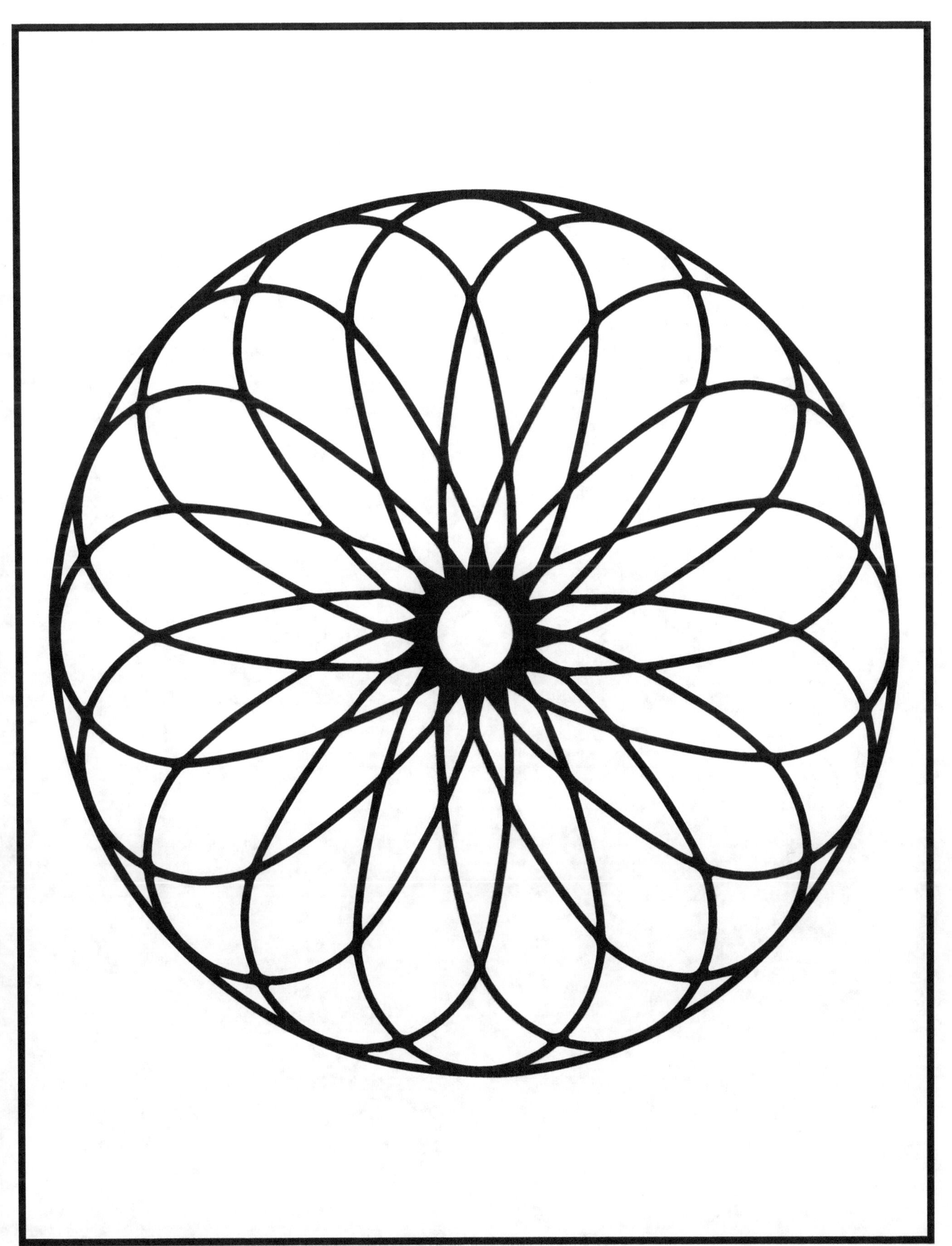

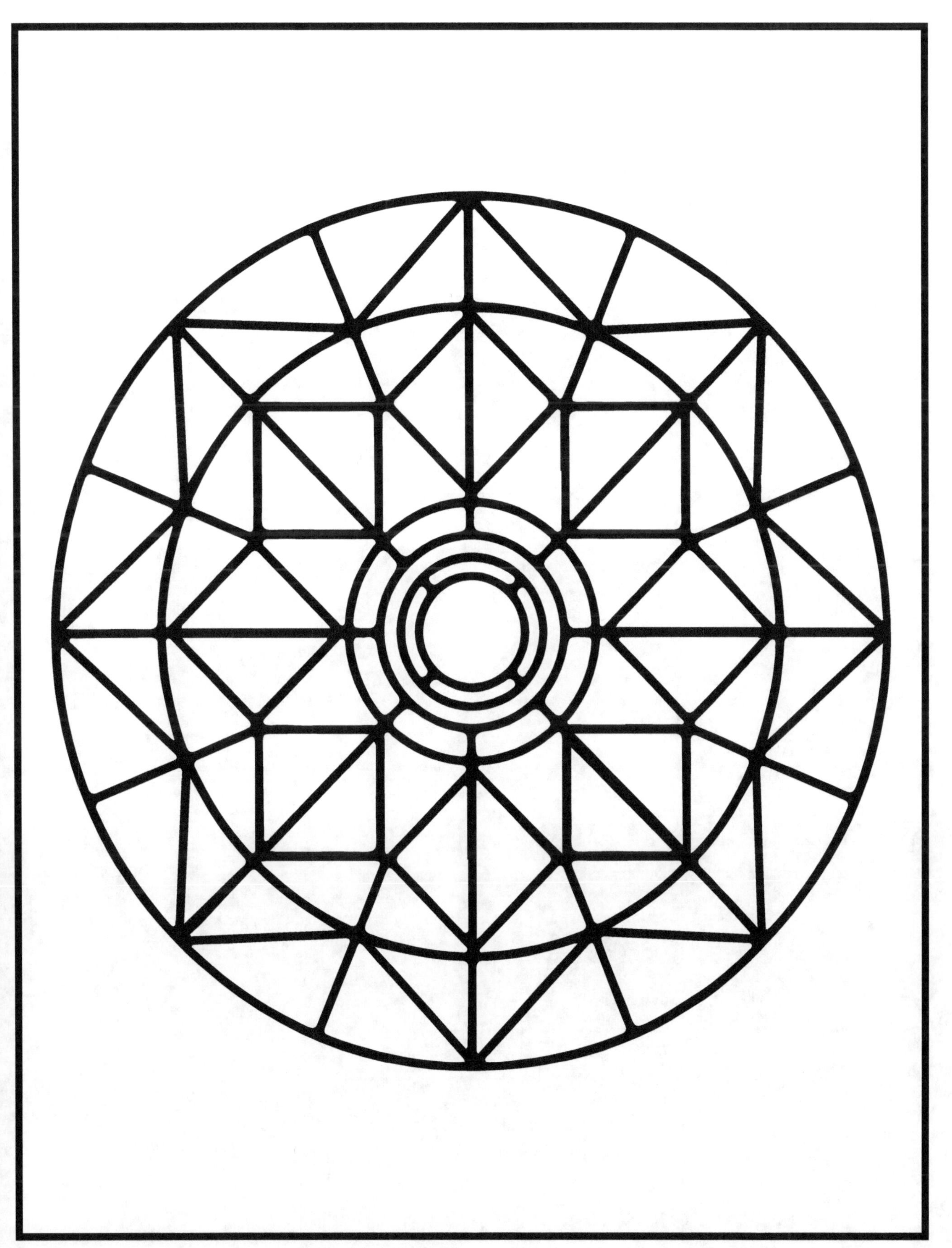

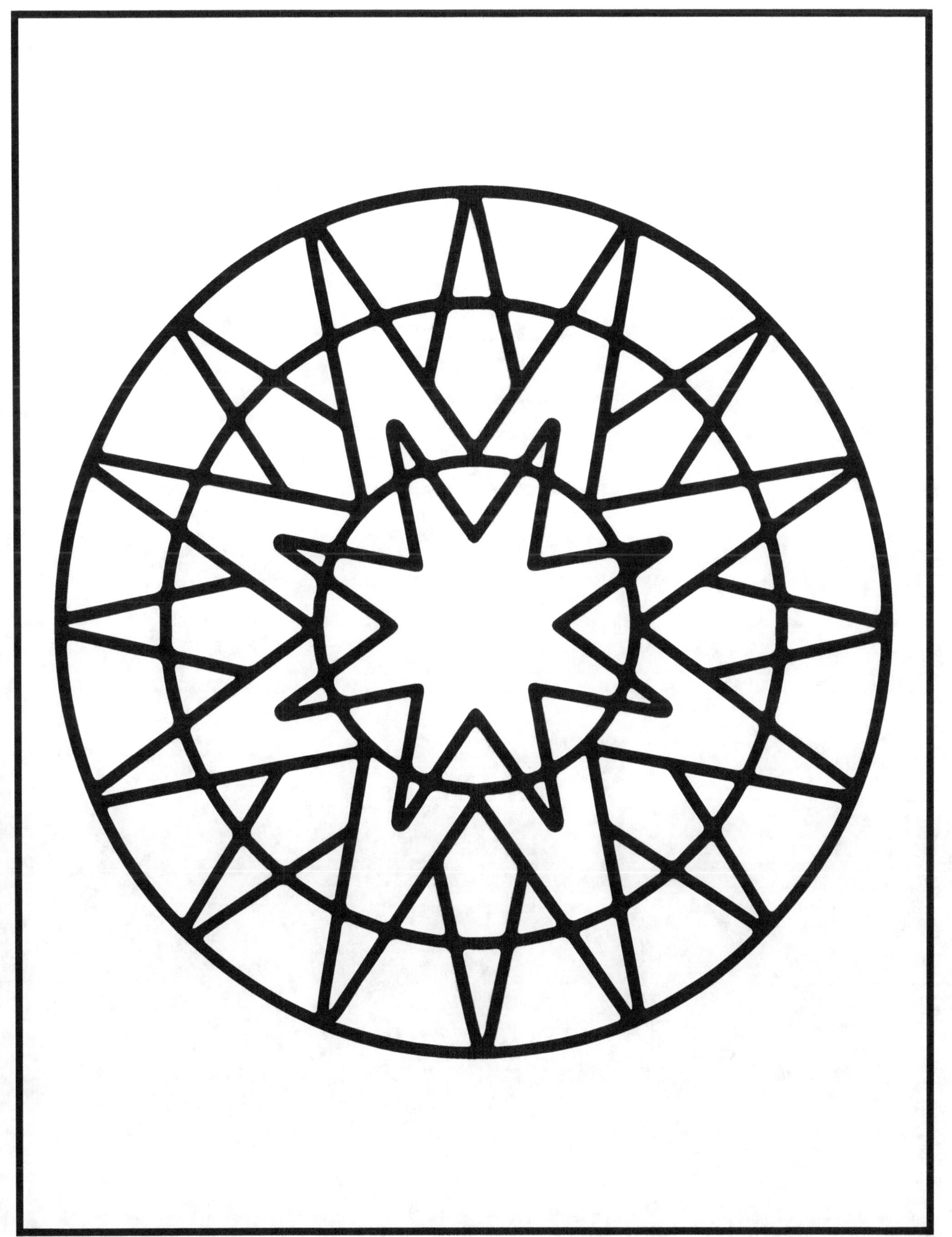

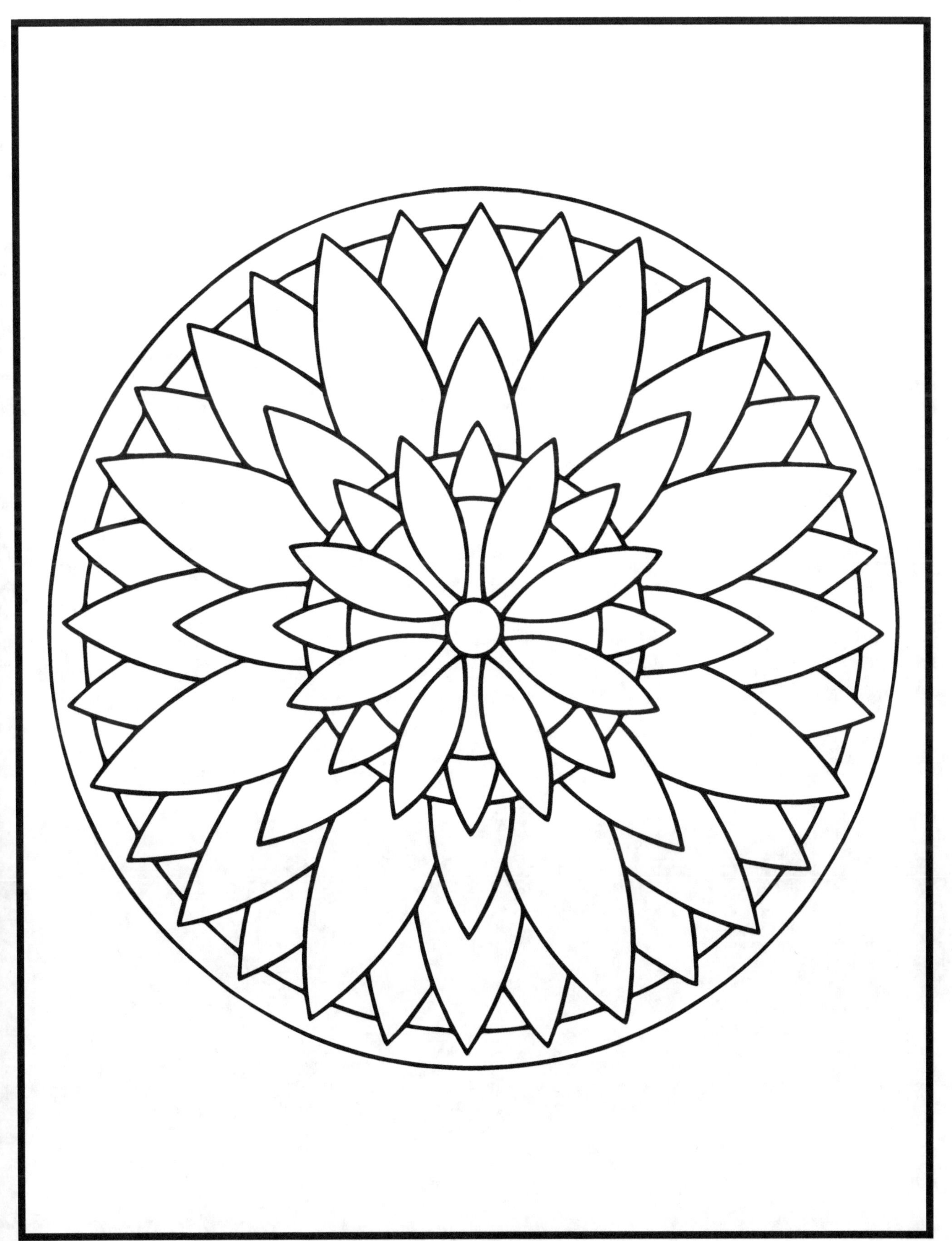

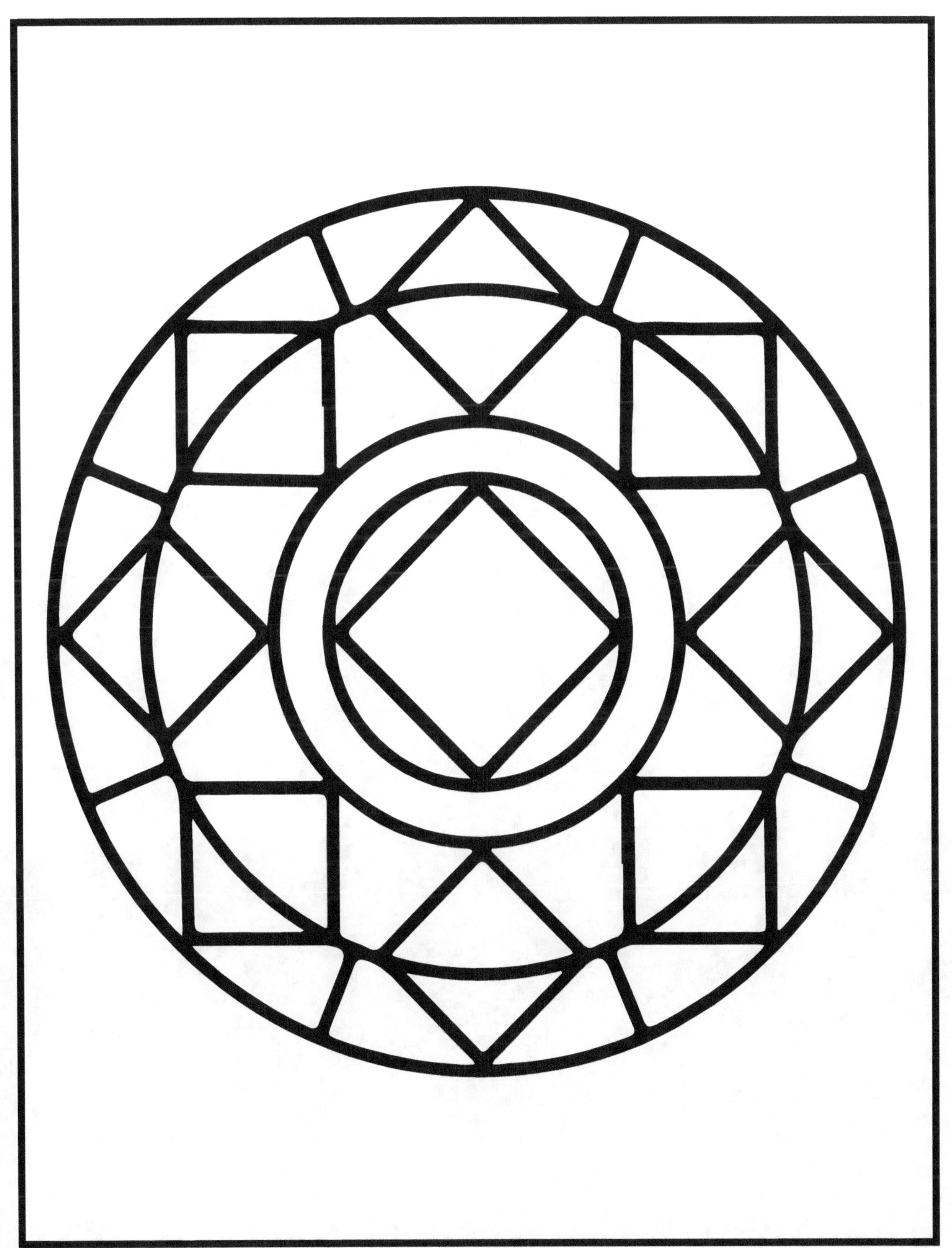

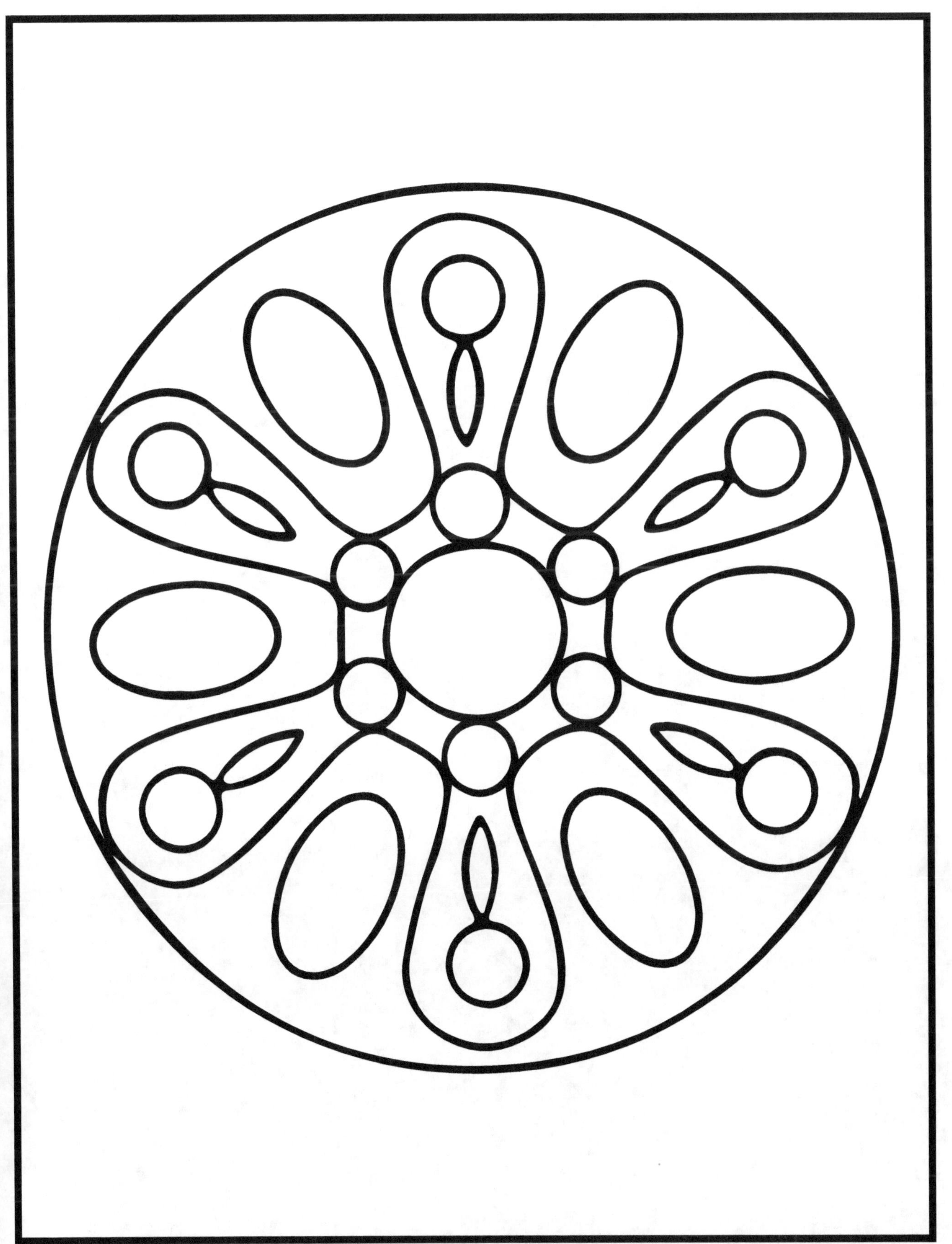

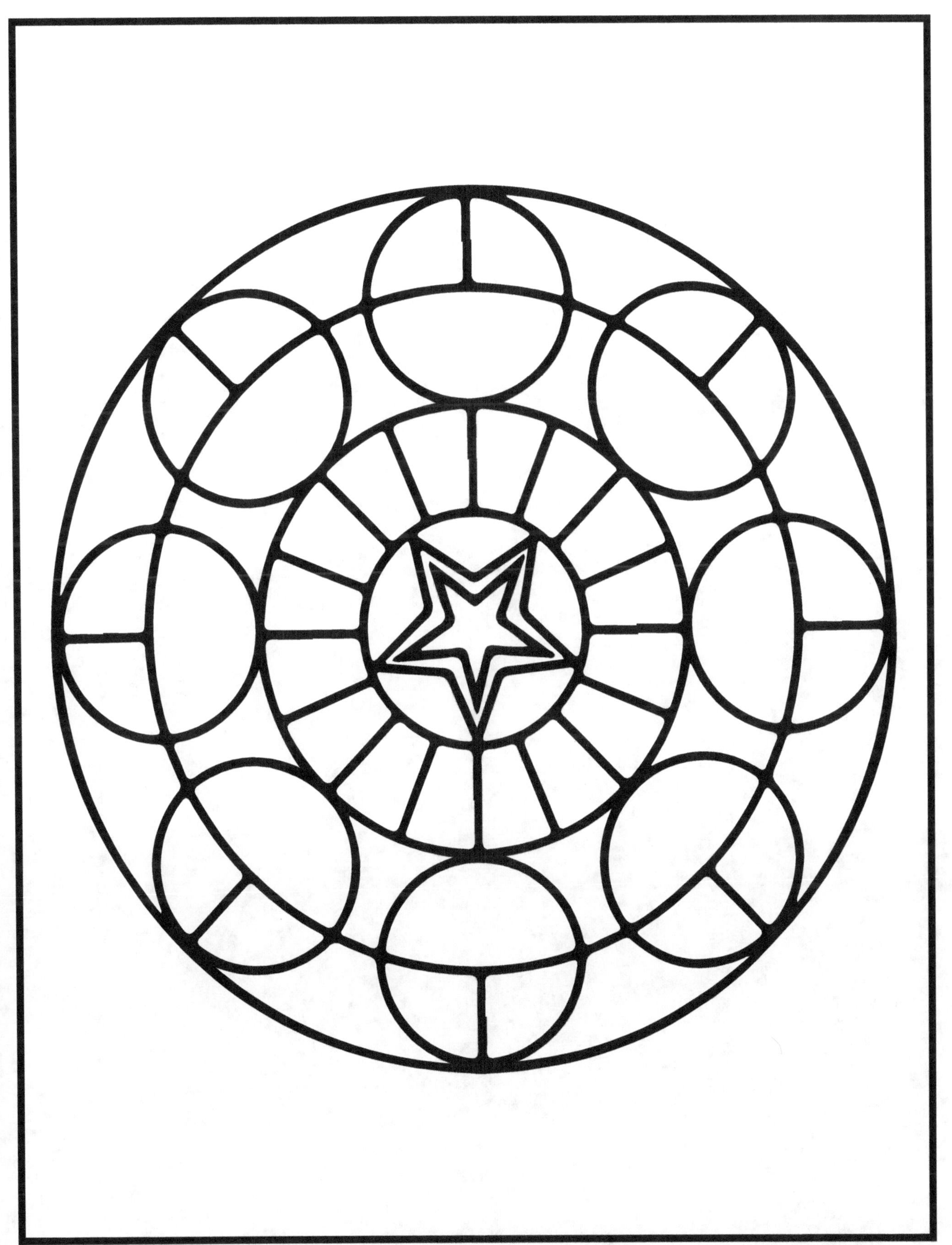

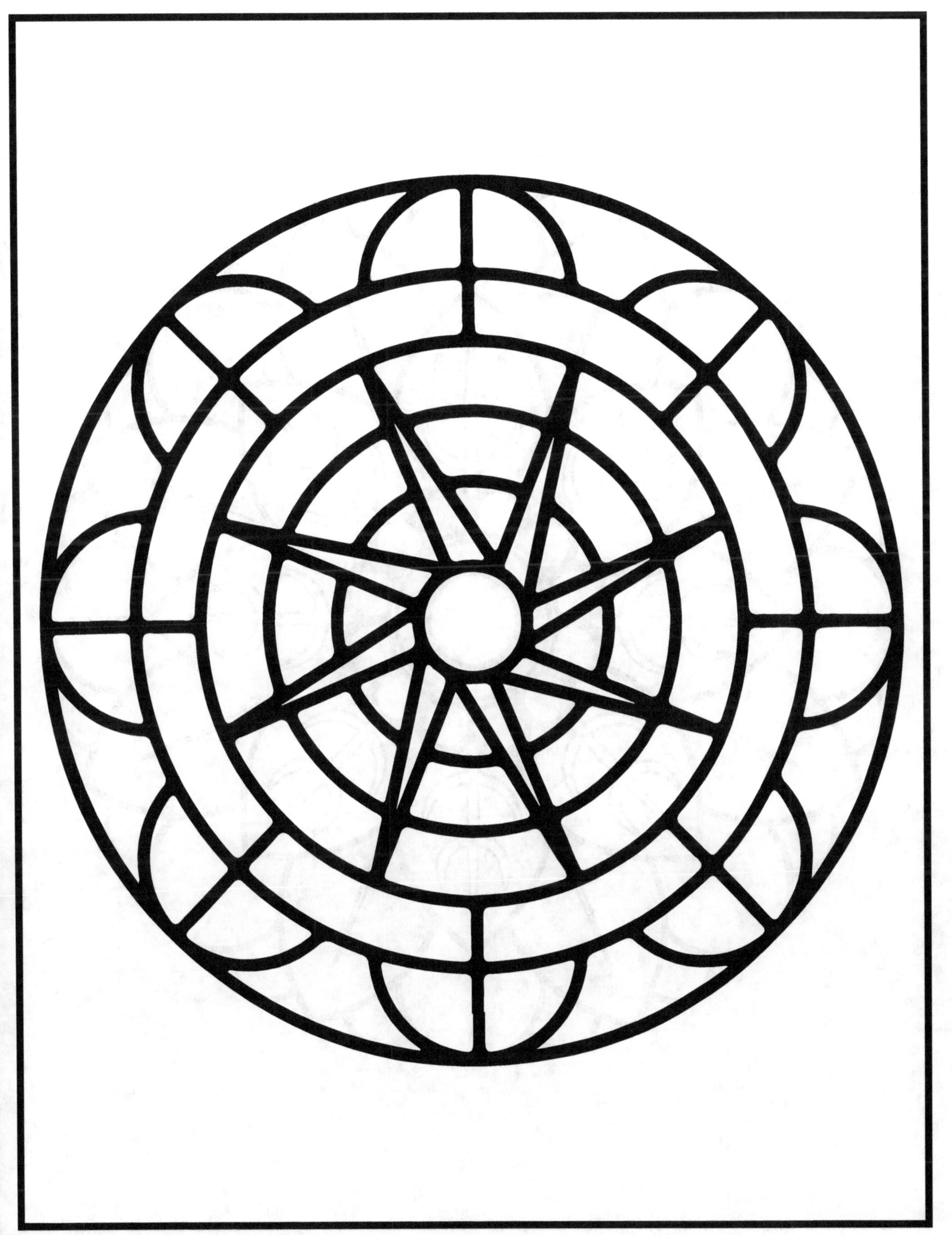

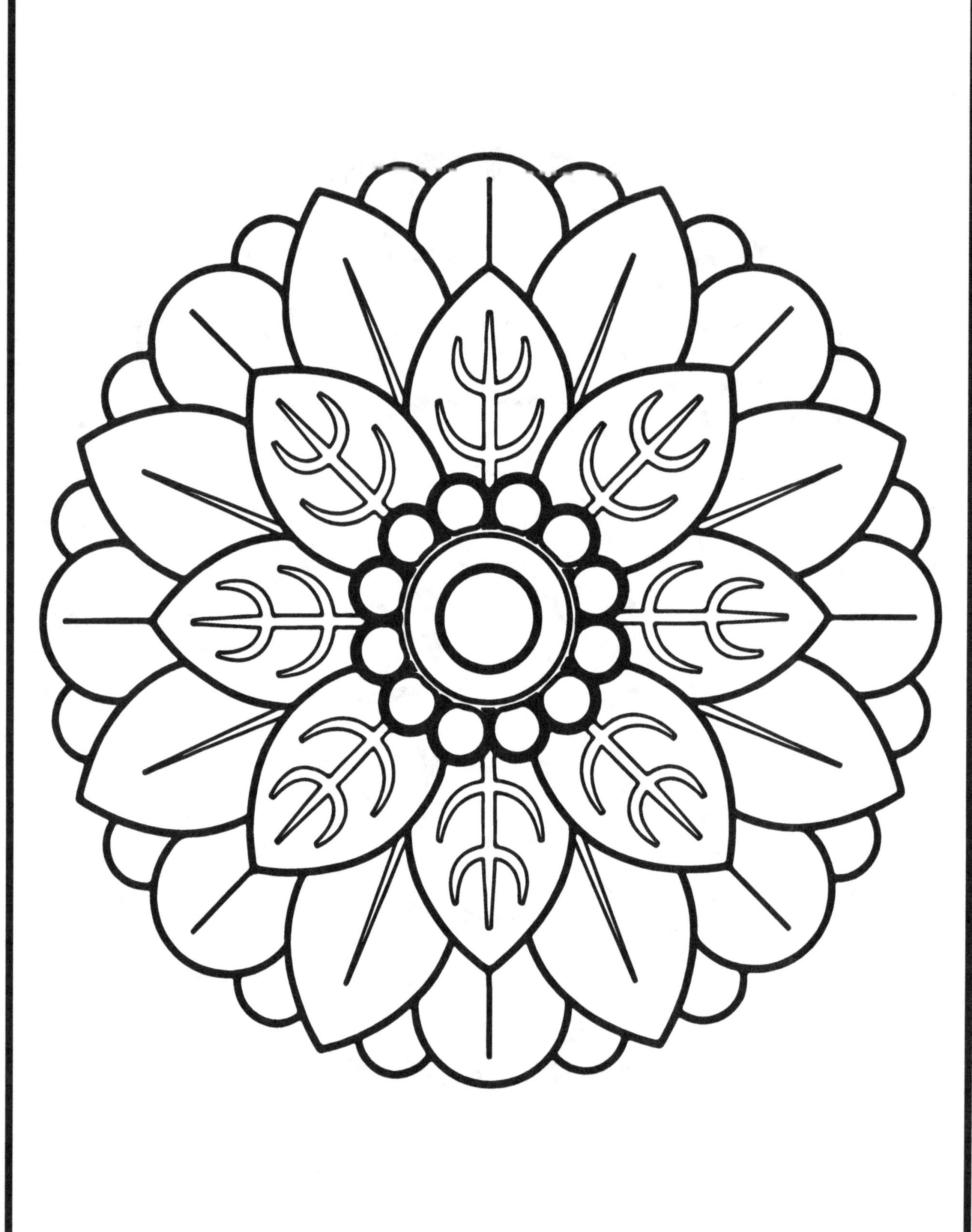

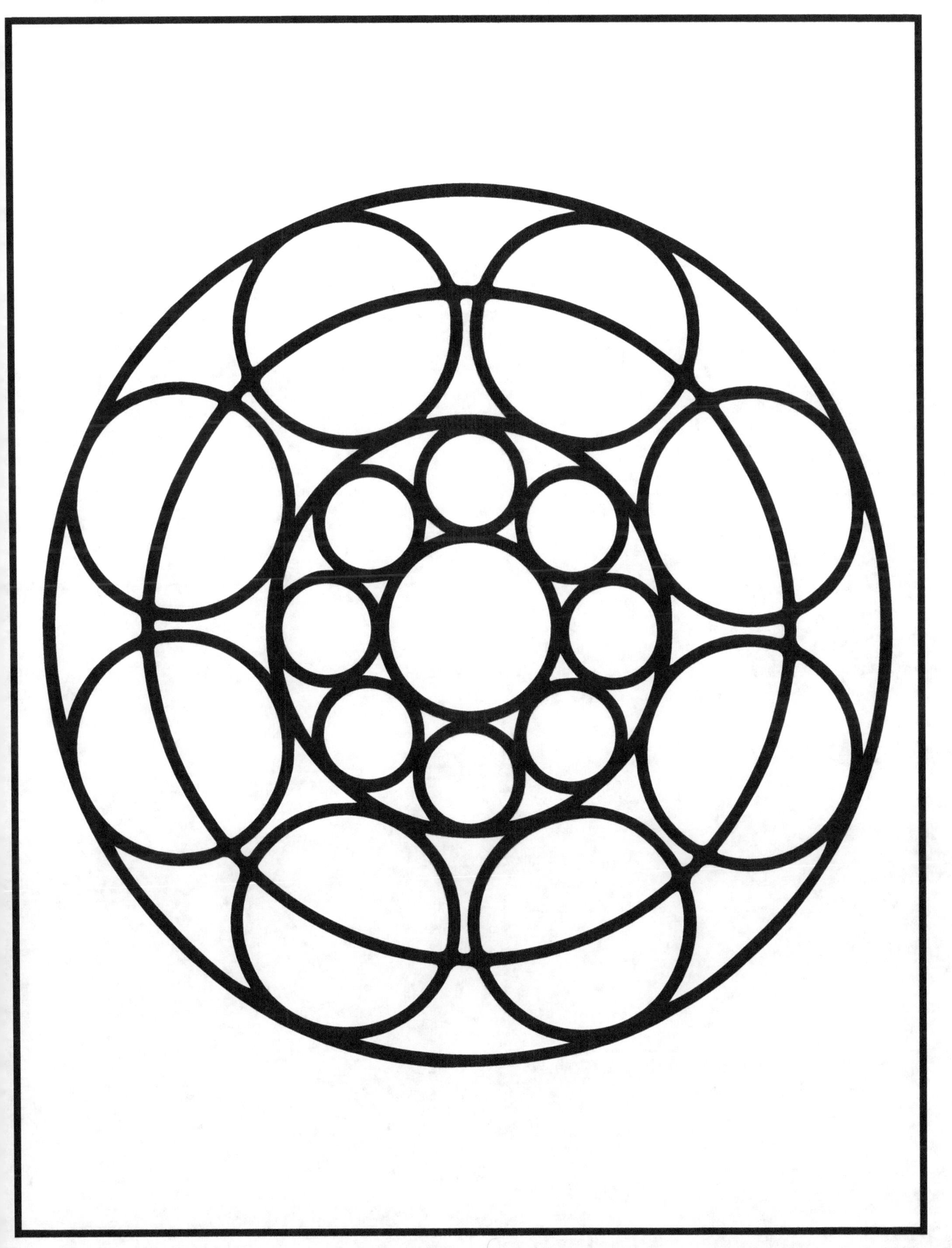

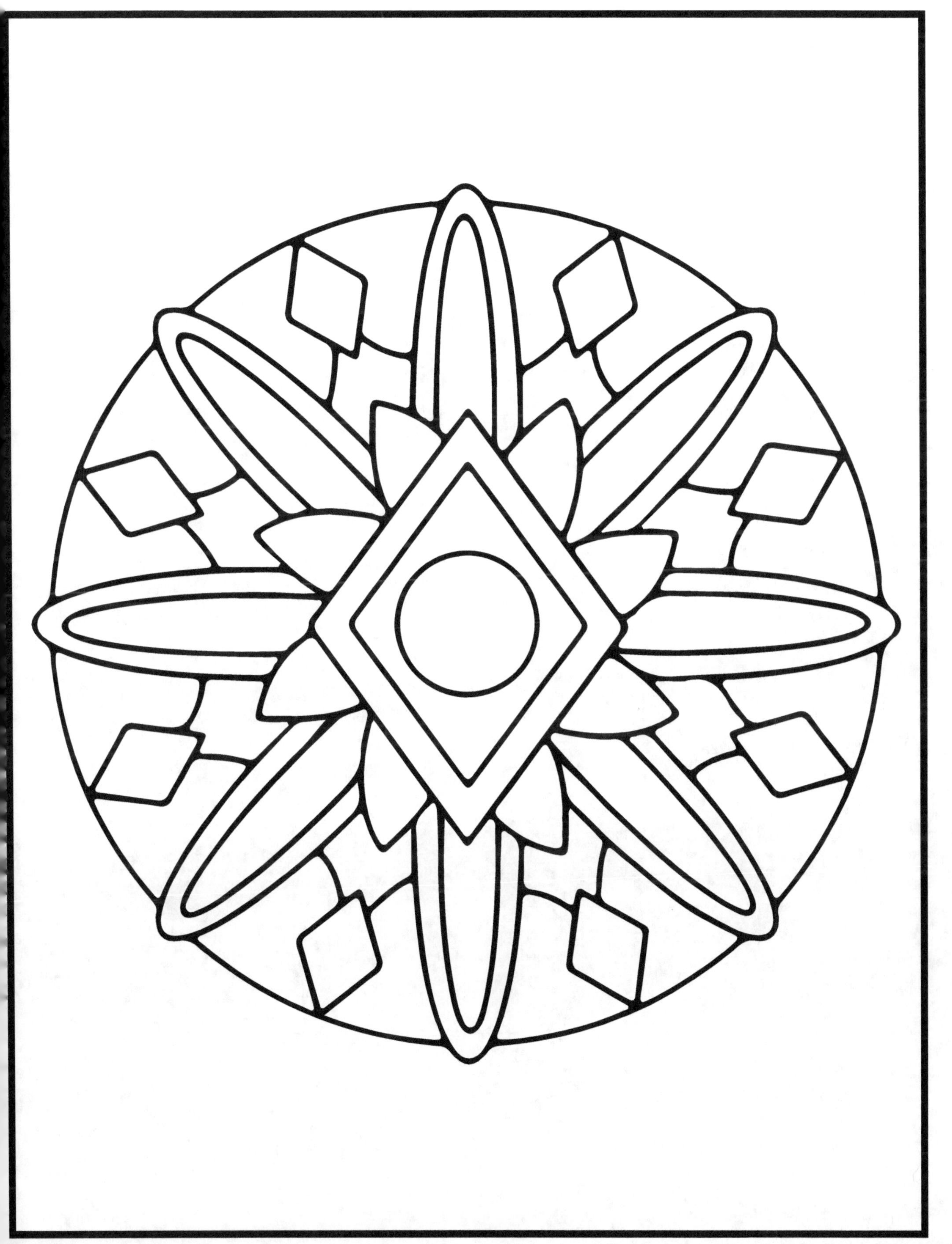

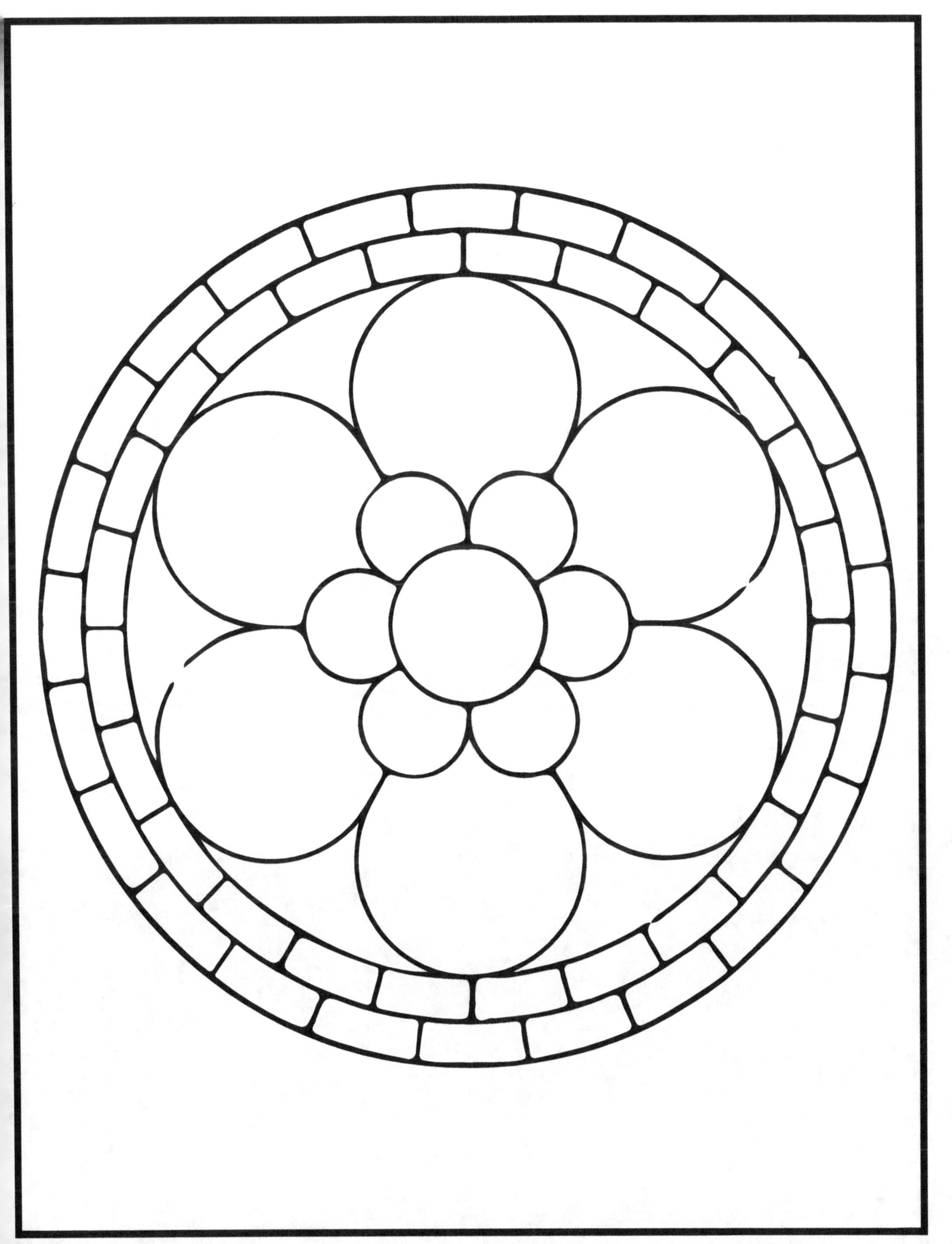

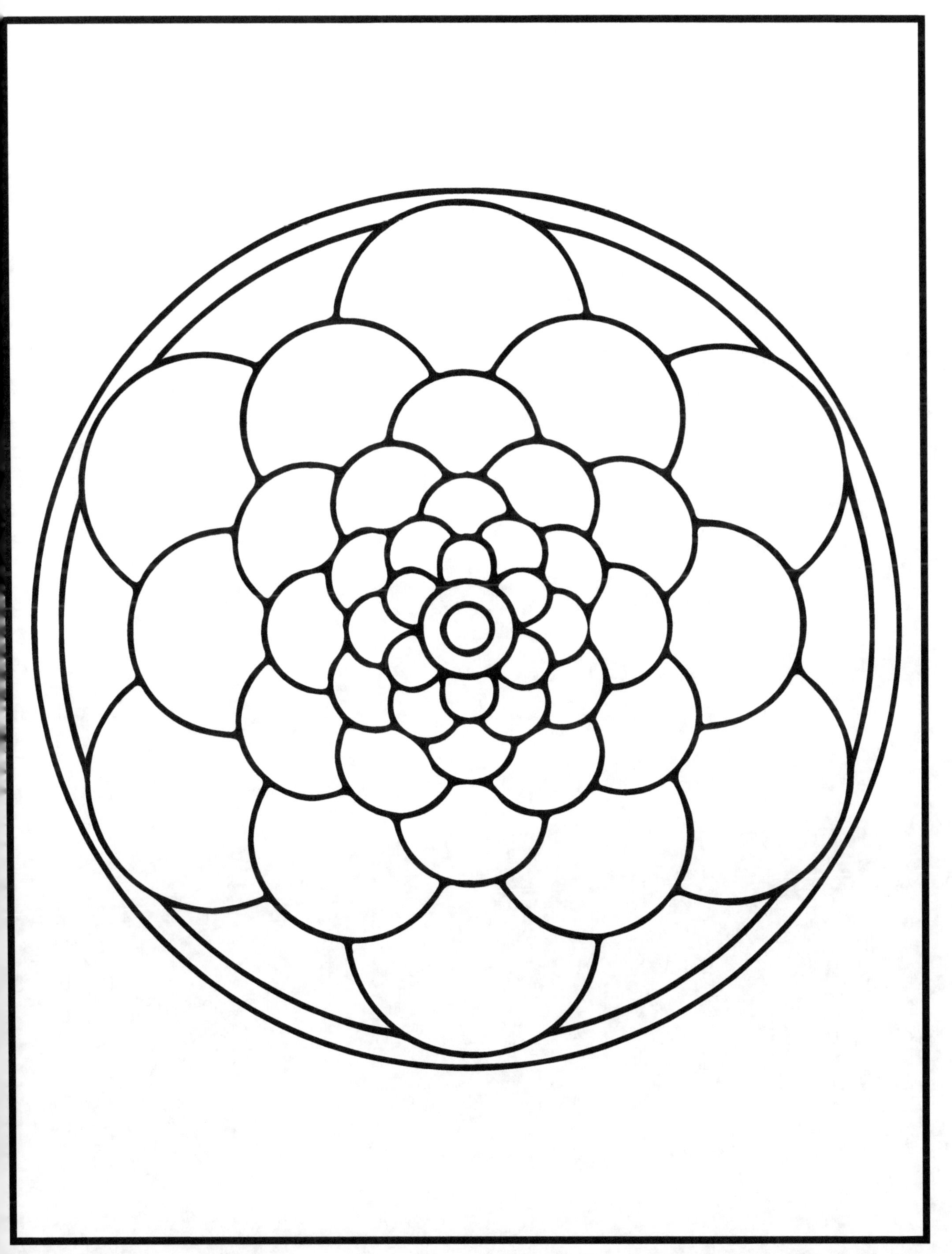

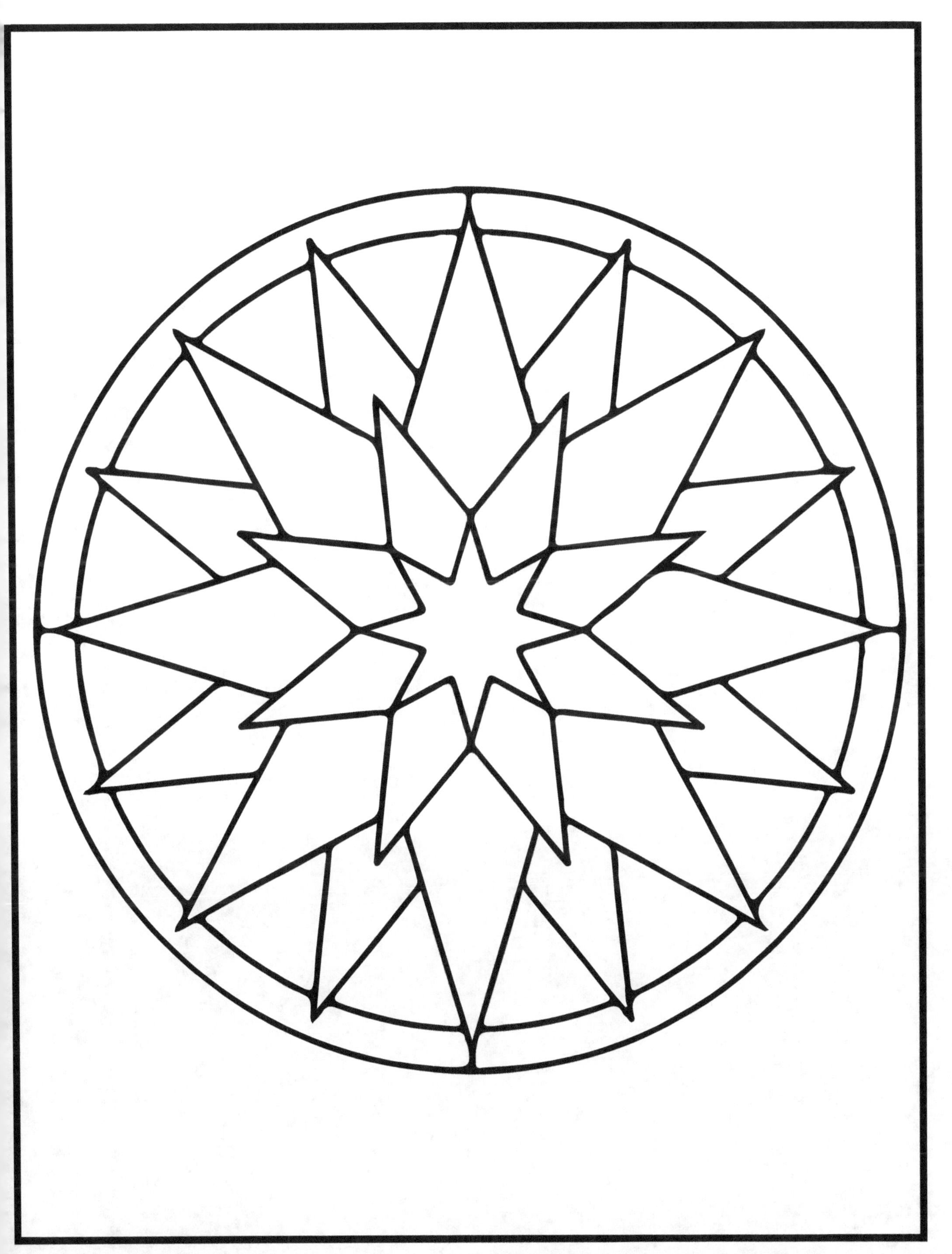

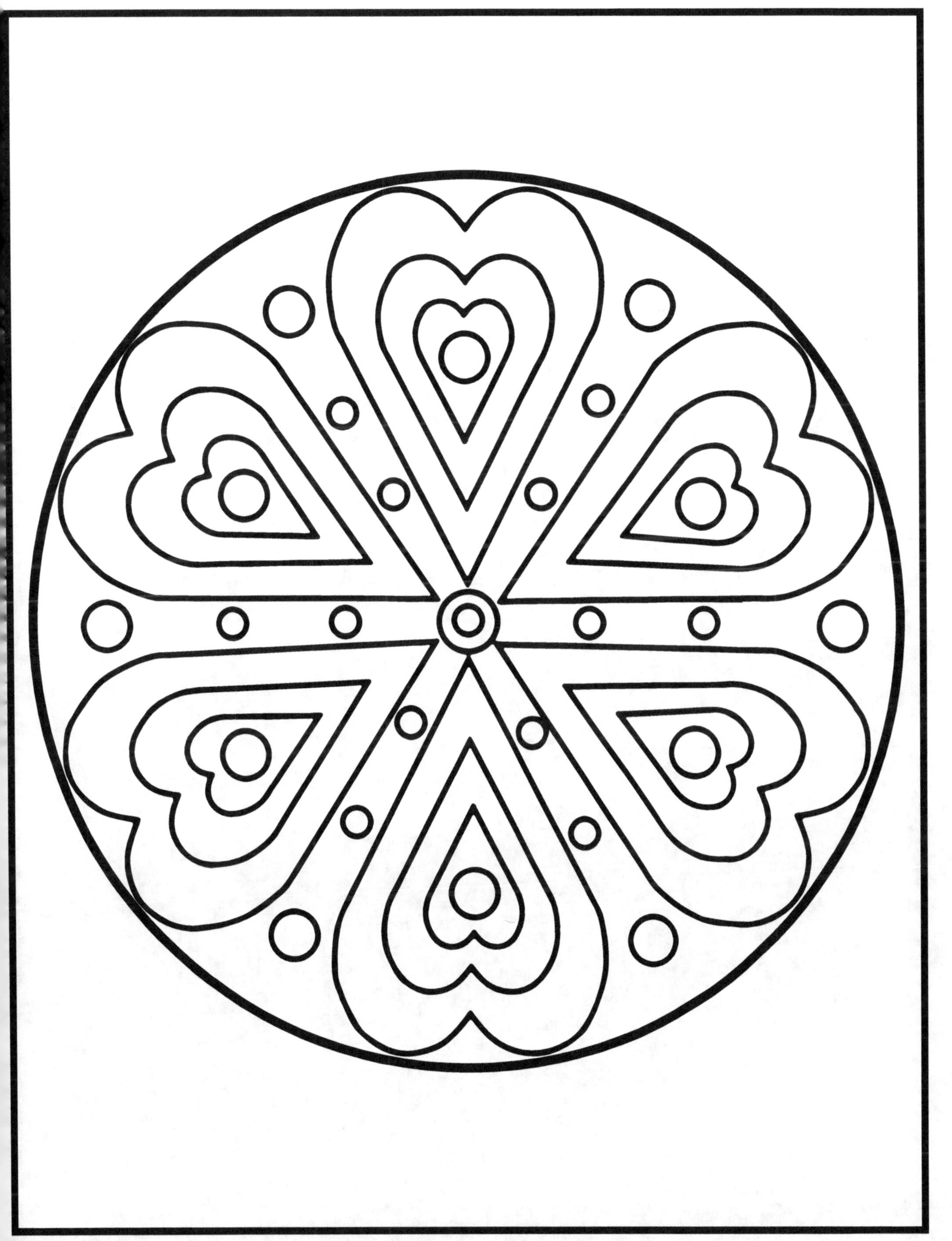

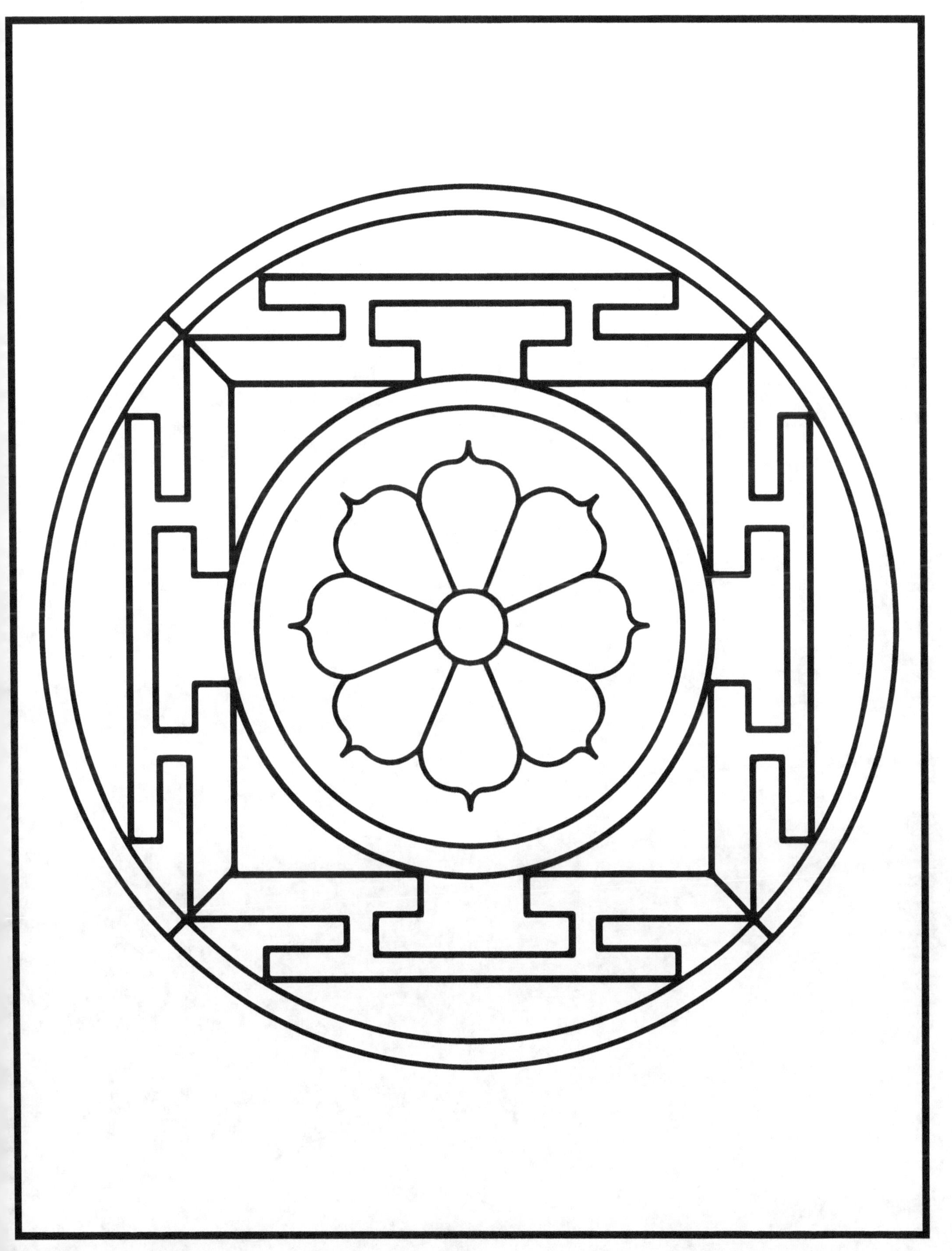

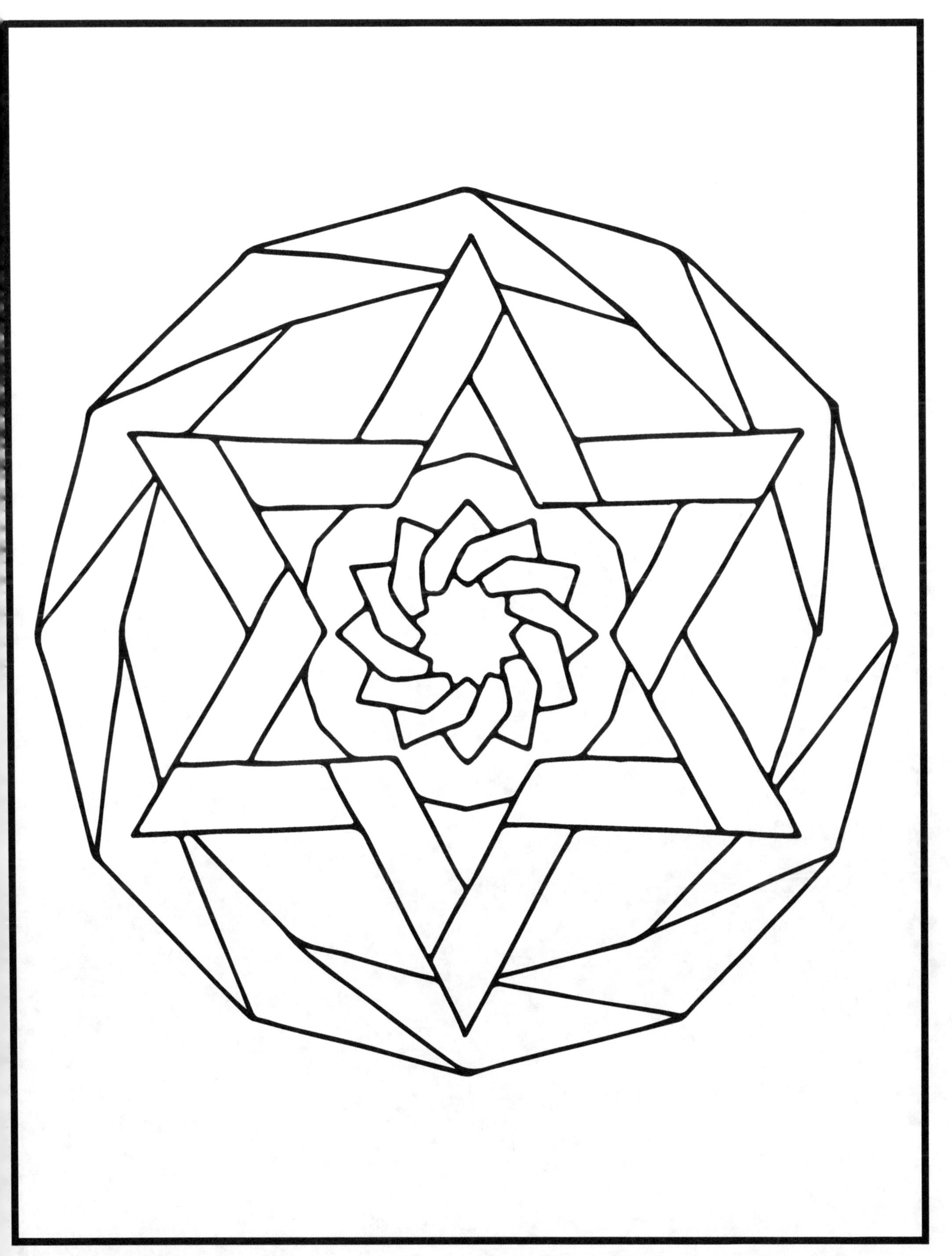

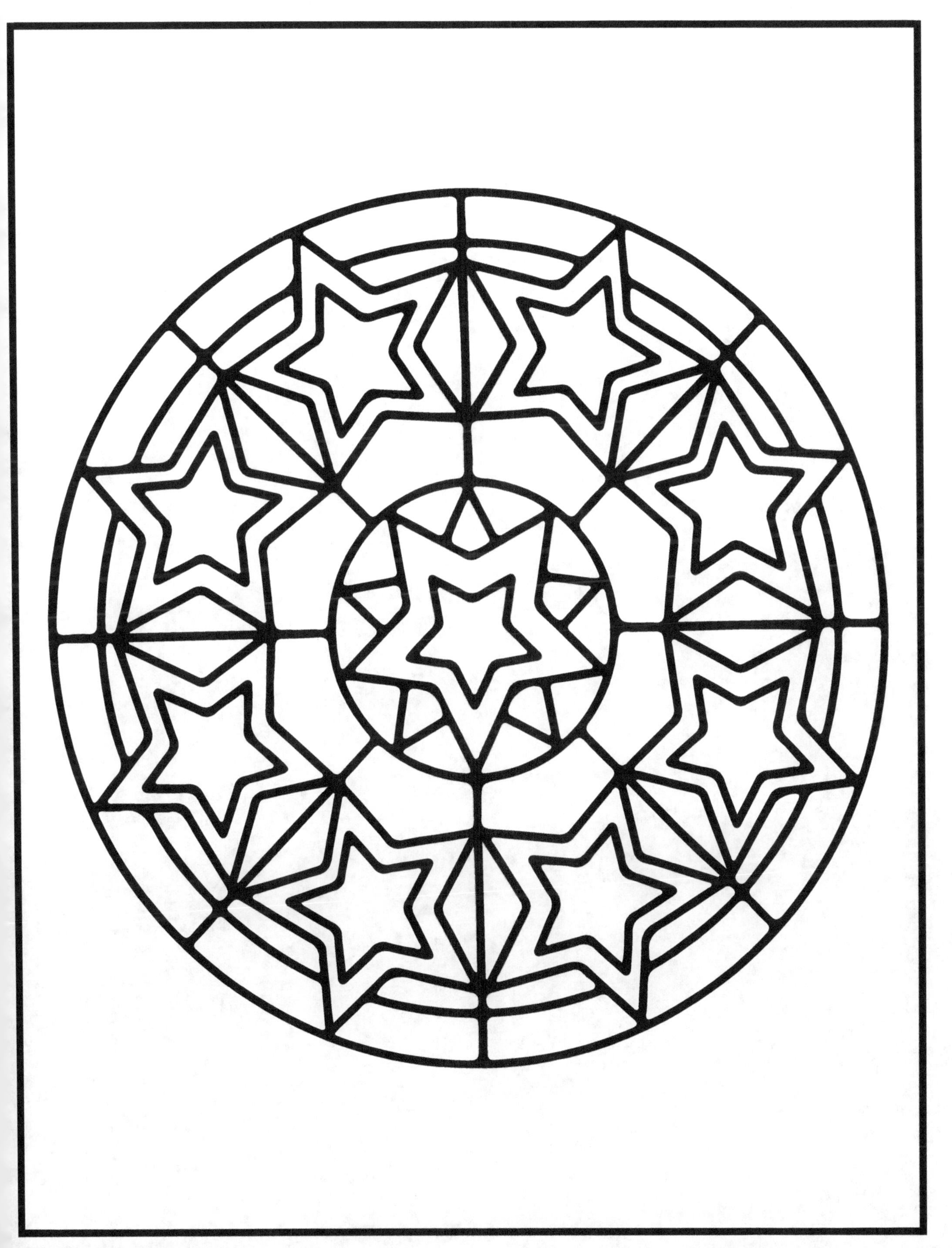

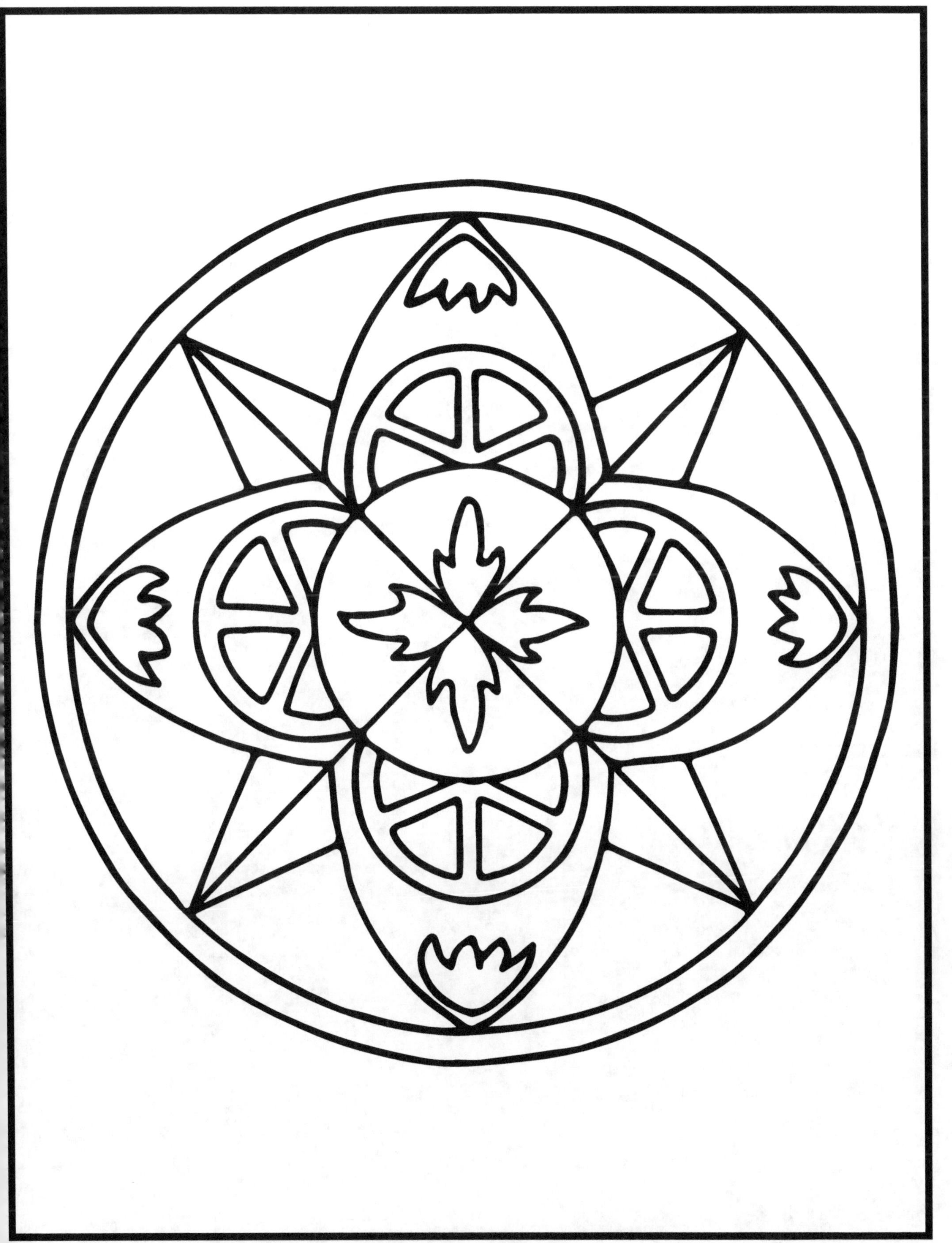

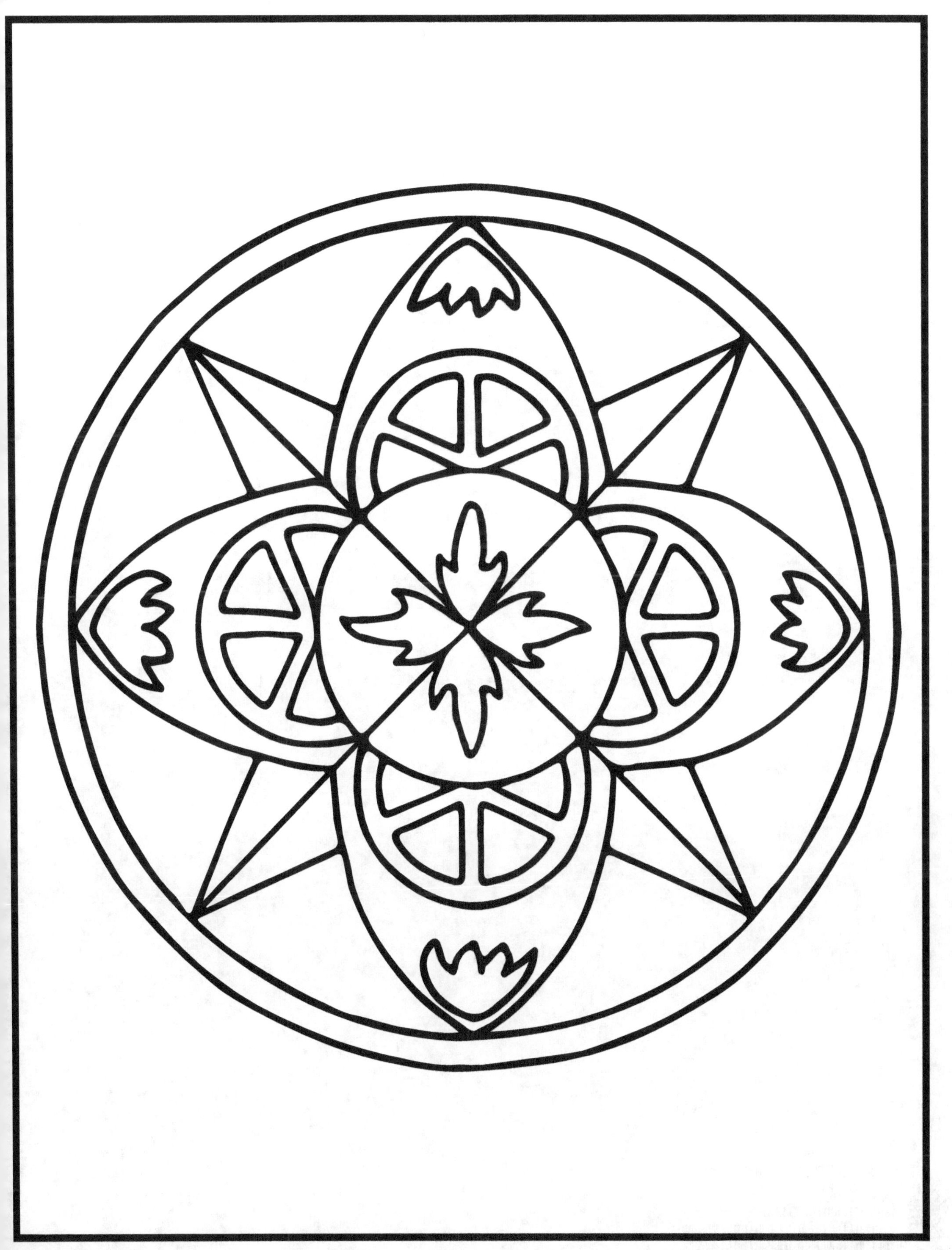